TOM VIAJA EN EL TIEMPO

China durante la dinastía Ming

Acerca de China en la dinastía Ming

Se denomina «dinastía» al periodo en que un país está gobernado por un rey o **EMPERADOR** y su familia, hasta que los sucede otra dinastía. Este libro se sitúa en China, durante el periodo de la dinastía Ming (1368-1644), que comenzó con el emperador Hongwu. Durante esa época, China se convirtió en un país rico y poderoso, famoso por la belleza de sus porcelanas, muebles y sedas y por edificaciones nuevas e impresionantes. La capital del país se trasladó desde Nankín, en el sur, hasta Pekín, en el norte, y se reconstruyó y prolongó la Gran Muralla. Algunos de los lugares que Tom visita en este libro se encontraban muy alejados entre sí, pero todos existieron durante la dinastía Ming y muchos de ellos se pueden visitar en la actualidad.

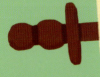

Prepárate para conocer a...

Tom

La abuela Bea

El gato Ulises

y para localizar el dragón oculto en cada escena.

Traducido por Pepa Arbelo

Título original: *Find Tom in Time: Ming Dynasty China*
Esta traducción ha sido publicada mediante un acuerdo con Nosy Crow Limited
Publicado en colaboración con el Museo Británico de Londres
© Del texto: Nosy Crow, 2020
© De las ilustraciones: Fatti Burke, 2020
© De esta edición: Grupo Editorial Luis Vives, 2021

ISBN: 978-84-140-3063-9
Depósito legal: Z 997-2020

Impreso en China

Todos los derechos reservados. Cualquier forma de reproducción, distribución, comunicación pública o transformación de esta obra solo puede ser realizada con la autorización de sus titulares, salvo excepción prevista por la ley. Diríjase a CEDRO (Centro Español de Derechos Reprográficos) si necesita fotocopiar o escanear algún fragmento de esta obra. (www.conlicencia.com; 91 702 19 70 / 93 272 04 47)

Índice

INTRODUCCIÓN	págs. 4–5
LA GRAN MURALLA	págs. 6–7
EL MERCADO	págs. 8–9
LA CIUDAD PROHIBIDA	págs. 10–11
EL SALÓN DE LA SUPREMA ARMONÍA	págs. 12–13
EL TALLER DE SEDA	págs. 14–15
LA CONSULTA DEL MÉDICO	págs. 16–17
LAS CASAS	págs. 18–19
LA IMPRENTA	págs. 20–21
EL GRAN CANAL	págs. 22–23
LOS CAMPOS	págs. 24–25
LA FÁBRICA DE PORCELANA	págs. 26–27
LA ÓPERA	págs. 28–29
LA FIESTA DE LOS FAROLES	págs. 30–31
EN CASA	págs. 32–33
SOLUCIONES	págs. 34–38
GLOSARIO	págs. 38–39
ÍNDICE ALFABÉTICO	pág. 40

INTRODUCCIÓN

Tom es un chico corriente. Bueno, más o menos. Es listo y valiente, y le encantan las aventuras.

La abuela de Tom, Bea, es una abuela normal, más o menos. Es lista, valiente, además de un poco traviesa, y le encantan las aventuras. Menos mal, ya que su trabajo consiste en excavar entre la tierra y el polvo para descubrir cómo se vivía en otras épocas.
La abuela Bea es **ARQUEÓLOGA**.

Al gato de la abuela Bea, Ulises, no le gusta excavar entre la tierra y el polvo. Ni mojarse. Ni saltarse ninguna comida. En realidad, a Ulises no le gustan las aventuras. Sobre todo después de lo que ocurrió la última vez que Tom vino a pasar unos días… Pero esa es otra historia.

Un día, Tom estaba en casa de la abuela Bea cuando vio a Ulises hecho una bola sobre una preciosa túnica verde.
—¿Es tu bata nueva, abuela? —preguntó Tom.

—Esto no es ninguna bata. Es la túnica que usó un joven chino durante la dinastía Ming. Tiene unos 500 años de antigüedad. ¿Por qué no te la pruebas? —sugirió la abuela Bea, con un destello conocido en la mirada.

Tom extendió la mano para tocar la túnica y... ¡ZAS!

LA GRAN MURALLA

¡Tom estaba en China en plena dinastía Ming!

Por todos lados había obreros transportando en carretillas ladrillos y losas para construir una muralla larguísima.

Tom intentó localizar a la abuela Bea, pero no la vio. En ese momento, divisó a Ulises, que se alejaba a la carrera.

La Gran Muralla llegó a medir unos 21 000 km y se construyó para protegerse de los invasores. Para terminarla hicieron falta más de 2000 años y cientos de miles de albañiles, soldados y prisioneros. Unas 400 000 personas murieron en su construcción.

EL MERCADO

Tom persiguió a Ulises hasta un mercado muy concurrido. Allí todos iban vestidos con túnicas de seda como la que la abuela Bea le había dado.

Como quería pasar desapercibido, se la puso y se abrió paso entre la muchedumbre. ¿Dónde se habría metido ese gato tan trasto?

En el mercado también había puestos de comida callejera. Para atraer a los clientes, los dueños hacían sonar un tambor con cuentas y un mango, parecido a un sonajero. La mayoría ofrecía platos sencillos, como fideos o arroz con tofu y verduras o, a veces, algo de carne.

Allí se compraban y vendían artículos de todo tipo: frutas, verduras, carne, té, arroz, especias, sedas y porcelana. Los agricultores también viajaban desde el campo hasta el mercado para vender o comprar animales.

¿PUEDES ENCONTRAR...?
- A Tom
- A una persona con un ábaco
- A una mujer con una sandía en la cabeza
- A un niño persiguiendo un perro
- Al gato Ulises
- A un vendedor con un tambor de mano
- A una persona a la que se le han caído los fideos

Algunos de los artículos que se vendían en el mercado se transportaban desde muchas regiones de China en caravanas de camellos por la **RUTA DE LA SEDA**, que en realidad eran muchas rutas distintas que recorrían Asia Central y el noroeste de China.

Durante la dinastía Ming ya se usaban monedas y billetes como forma de pago. Probablemente reservasen las de plata para las compras más importantes. Para calcular las cantidades, empleaban una especie de calculadora muy antigua con cuentas de madera llamada **ÁBACO**.

LA CIUDAD PROHIBIDA

Tom se vio rodeado por un grupo de personas con coloridas túnicas de seda que esperaban frente a una puerta roja enorme. Al abrirse otra más pequeña, vislumbró algo anaranjado: ¡Ulises!

Tom entró con el resto del grupo y, al ver los jardines y edificios del interior, se quedó boquiabierto.

La **CIUDAD PROHIBIDA** se construyó en Pekín durante el mandato del **EMPERADOR YONGLE**, el tercero de la dinastía Ming. Tras 14 años y más de un millón de trabajadores, se consiguió terminar.

La mayoría de los edificios se pintaron de rojo para representar el poder y la felicidad. En los tejados se emplearon tejas amarillas, símbolo de la tierra y la nueva vida. Los muros, columnas y muebles se decoraron con dragones, que representaban la fuerza del emperador.

¿PUEDES ENCONTRAR…?

- Al gato Ulises
- A un hombre a caballo
- A una mujer en un columpio
- Una jirafa
- A Tom
- A un obrero pintando el tejado
- A una mujer volando una cometa

El emperador y su familia acudían a rezar al **TEMPLO DEL CIELO**, que no estaba lejos de la Ciudad Prohibida. El pueblo practicaba el **CONFUCIANISMO**, el **TAOÍSMO** o el **BUDISMO**.

Dentro de la Ciudad Prohibida había 980 edificios, incluido un zoológico de animales exóticos, y en los jardines cabían hasta 100 000 personas.

Nadie podía entrar sin permiso a la Ciudad Prohibida, aunque solía estar repleta de familiares y amigos del emperador y de soldados y criados.

EL SALÓN DE LA SUPREMA ARMONÍA

Tom acompañó a los demás hasta un edificio imponente donde se celebraba un **BANQUETE**. Un señor con aspecto de ser alguien muy importante ocupaba el gran trono.

En ese instante, Tom vio a Ulises escabullirse con la cena de alguien en la boca.

El **SALÓN DE LA SUPREMA ARMONÍA** era el edificio con la decoración más rica de toda la Ciudad Prohibida. En los banquetes, los invitados disfrutaban de té en exquisitos cuencos de porcelana y de platos refinados con ganso, cordero o pollo con arroz, puesto que el arroz era un alimento inusual en el norte de China.

En los banquetes, la orquesta de la corte tocaba diversos instrumentos como el **LAÚD**, el arpa, la flauta o el tambor. También había bailarines.

¿PUEDES ENCONTRAR...?

- A una mujer tocando el tambor
- A Tom
- A un invitado que se ha caído de la silla
- Al gato Ulises
- A una mujer con un abanico
- A un criado llevando un gran plato de comida
- Al emperador Yongle con su túnica amarilla y dorada

Los miembros de la **CORTE IMPERIAL** vestían prendas de seda de gran valor. Ellos llevaban hebillas y cierres de oro y plata en los cinturones; ellas usaban joyas lujosas de jade y oro y se depilaban las cejas como símbolo de belleza.

EL TALLER DE SEDA

Persiguiendo a Ulises, Tom volvió sobre sus pasos dentro de la Ciudad Prohibida y cruzó las enormes puertas rojas. Un vigilante le gritó, pero él no paró hasta que vio a Ulises colarse en un edificio de una calle tranquila.

Tom se escabulló dentro y se encontró en una habitación llena de telas y de unos muebles de lo más extraño.

La seda era la mercancía más cara de las producidas en China. Unos **GUSANOS DE SEDA** fabricaban el hilo, que luego se tejía en telares en los talleres. Después, las telas de seda se teñían y bordaban con distintos colores y se convertían en preciosas prendas, pañuelos, carteras y cinturones.

LA CONSULTA DEL MÉDICO

Tom salió del taller y siguió a Ulises hasta un edificio pequeño y extraño. Había cajoneras de madera, frascos y manojos de hierbas de todo tipo. ¡En una habitación vio que a un hombre le clavaban agujas en el cuerpo!

De improviso, Ulises saltó de detrás de una estantería y se marchó.

Durante la dinastía Ming, se creía que las personas enfermaban porque se producía un desequilibrio en el cuerpo. Para recobrar la salud y ese equilibrio, visitaban a un médico o a un farmacéutico, conocido como **BOTICARIO**.

Los médicos también practicaban la **ACUPUNTURA**, un tratamiento para aliviar el dolor y curar las enfermedades de sus pacientes. ¡Hoy en día se sigue usando!

Los médicos y los boticarios trataban a sus pacientes con hierbas y plantas que compraban en tiendas de hierbas medicinales. Las moras se usaban para los mareos y la **HIERBA DE SAN CRISTÓBAL** para los resfriados.

¿PUEDES ENCONTRAR...?

- A una persona tomando una medicina que sabe a rayos
- Al gato Ulises
- A una mujer con dolor de oídos
- A Tom
- A un hombre recibiendo acupuntura
- A una señora con mellizos
- A una niña subida a una silla

LA IMPRENTA

Ulises se zafó de los brazos de la señora y huyó hacia la calle. Tom lo persiguió hasta una fábrica enorme. Dentro encontró una multitud de personas atareadas con su trabajo y muchas hojas de papel decoradas con una **CALIGRAFÍA** preciosa.

A lo lejos distinguió un rastro de manchas de tinta con forma de zarpa que salía del edificio.

¿PUEDES ENCONTRAR...?

- A Tom
- A una persona que ha derramado tinta
- Al gato Ulises
- A tres amigos de charla
- Un rastro de zarpas
- A dos personas tallando planchas de madera
- A un impresor echando una siesta

En China, siglos antes de la dinastía Ming, ya habían inventado una especie de papel hecho con trapos de seda. Más tarde, encontraron otra forma de fabricarlo con **BAMBÚ** y **CÁÑAMO**.

Durante la dinastía Ming se construyeron grandes talleres donde se imprimían novelas, textos religiosos y libros informativos. Comparado con otras épocas, el precio de los libros fue menor, de modo que la gente más pobre también pudo comprarlos.

Para imprimir un libro, primero había que **GRABAR** los caracteres de la escritura china del revés en planchas de madera, que luego se cubrían de tinta y se presionaban contra el papel. Después, se plegaban y cosían las hojas, antes de pegarles la cubierta.

EL GRAN CANAL

El rastro de las huellas de Ulises condujo a Tom hasta un canal. Un pescador lo observaba con recelo desde una barca. Como el gato aborrecía el agua, Tom supo que no se quedaría allí mucho rato. Y, justo en ese momento, escuchó un maullido familiar.

El Gran Canal se construyó para conectar los dos grandes ríos de China, el Yangtsé y el río Amarillo. Eso facilitó el transporte de alimentos, mercancías, mensajes y tropas.

Los pescadores del canal utilizaban unas balsas muy humildes a las que solían atar **CORMORANES**, unas aves acuáticas a las que hacían pescar en su lugar. Para evitar que se tragasen los peces, les colocaban anillas alrededor del cuello.

LOS CAMPOS

Tom se dejó guiar por los maullidos de Ulises… hasta que se vio en medio de un campo gigantesco. Todos a su alrededor trabajaban con ahínco: cavaban con palas y araban el terreno valiéndose de su ganado.

A lo lejos, Tom distinguió a un perro que perseguía a un gato anaranjado y se lanzó a por ellos.

Durante la dinastía Ming, la vida de los agricultores mejoró respecto a épocas anteriores. El emperador Hongwu había sido uno de ellos en su infancia, así que concedió a los campesinos pobres gran cantidad de tierras, de forma que tuvieran más espacio para cultivar y pudieran ganar más dinero.

Una vez cosechado el cereal, los agricultores lo **AVENTABAN** con un instrumento manual para separar las cascarillas. Después, molían el grano con un **MARTILLO PILÓN**, parecido a un balancín, pero con un gran martillo en uno de los extremos.

LA FÁBRICA DE PORCELANA

Tom no dejó de correr hasta llegar a un edificio repleto de vasijas, jarrones y adornos de todas las formas y tamaños imaginables.

Oyó un estrépito y, al girarse, vio que Ulises salía a toda prisa de detrás de un jarrón...

¿PUEDES ENCONTRAR...?
- A Tom
- Un jarrón roto
- A una persona cubierta de arcilla
- A un hombre llevando tres jarrones
- Al gato Ulises
- A una persona que se ha caído dentro de una vasija
- A un pintor que ha derramado la pintura

La dinastía Ming es famosa por sus cerámicas de **PORCELANA**. Para fabricarlas mezclaban varios minerales, que cocían a gran temperatura en un horno llamado **KILN**. Luego, las decoraban con dibujos en azul y blanco.

Fabricarla resultaba caro. Había que calentar los hornos a temperaturas muy altas y se necesitaban cientos de trabajadores para distintas tareas, desde preparar y pintar la porcelana hasta empaquetarla y transportarla a otros países.

Durante la época Ming, lograron crear una porcelana más fina y brillante que nunca. Pero eso también hacía que fuera muy frágil.

Se vendía gran cantidad de porcelana a Europa, donde era muy popular. En Inglaterra comenzaron a producir su propia porcelana al estilo de la china.

LA ÓPERA

Tom siguió a Ulises por en medio del gentío hasta un teatro con una decoración deslumbrante.

En el escenario cantaban y bailaban unas personas con disfraces extraños y la cara pintada. Pero ¿dónde se había metido Ulises?

Durante la dinastía Ming tuvo mucho éxito un espectáculo teatral llamado Kunqu, que combinaba interpretación, canto, baile y acrobacias. Los actores usaban un vestuario impresionante y se pintaban la cara. Un **CONJUNTO** compuesto por flautas, laúdes e instrumentos de percusión se encargaba de la música.

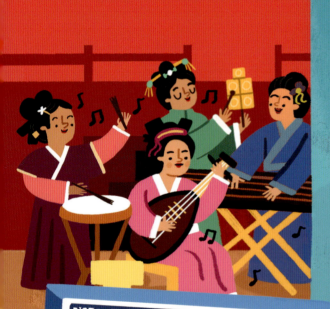

¿PUEDES ENCONTRAR...?

- A un actor vergonzoso
- Al gato Ulises
- A una actriz con un abanico morado
- A Tom
- A un niño que se ha caído del asiento
- Un adorno para el pelo extraviado
- A una persona tocando el laúd

Las representaciones les encantaban tanto a los ricos y **LITERATOS** como a la gente humilde. Los compositores de estas óperas no debían criticar en sus obras al emperador, pues podían ejecutarlos por ello.

LA FIESTA DE LOS FAROLES

Cuando Tom salió del teatro intentando localizar a ese gato bribón, levantó la vista y se quedó maravillado: el cielo nocturno estaba repleto de farolillos encendidos.

La Fiesta de los Faroles, o festival Yuanxiao, surgió durante la **DINASTÍA HAN** (206 a. C.–200 d. C.) y es una tradición que aún se conserva.

Esta fiesta se celebra al finalizar el Año Nuevo chino como agradecimiento por la familia, la comunidad y la llegada de la primavera.

Los acróbatas y magos actuaban ante un gran público. Los asistentes encendían petardos y los vendedores ambulantes servían delicias, como bolas de arroz dulces o pastelillos.

EN CASA

Tom fue corriendo hasta donde estaba la abuela Bea y la abrazó fuerte.

En ese mismo instante, se escuchó un ¡ZAS!

De repente, Tom estaba en casa.

—¿Lo has pasado bien, Tom? —preguntó la abuela, mientras Ulises se bajaba de sus brazos y se enroscaba en su cesta.

—¡Ha sido una aventura increíble! —respondió Tom, quitándose la túnica verde.

—¡Y que lo digas! —asintió la abuela Bea—. Después de tantas emociones, creo que nos hemos ganado un té.

¿Podrías volver atrás y encontrar a la abuela Bea en cada escena?

SOLUCIONES

LA GRAN MURALLA
Páginas 6-7

- Un albañil que se ha dormido
- Tom
- Un buey desobediente
- El gato Ulises
- Una persona montada en carretilla
- Un pájaro robando la comida de alguien
- Una persona haciendo señas desde una torre

EL MERCADO
Páginas 8-9

- Tom
- Una persona con un ábaco
- Una mujer con una sandía en la cabeza
- Un niño persiguiendo un perro
- El gato Ulises
- Un vendedor de comida con un tambor de mano
- Una persona a la que se le han caído los fideos

LA CIUDAD PROHIBIDA
Páginas 10-11

- El gato Ulises
- Un hombre a caballo
- Una mujer en un columpio
- Una jirafa
- Tom
- Un obrero pintando el tejado
- Una mujer volando una cometa

EL SALÓN DE LA SUPREMA ARMONÍA
Páginas 12-13

- Una mujer tocando el tambor
- Tom
- Un invitado que se ha caído de la silla
- El gato Ulises
- Una mujer con un abanico
- Un criado llevando un gran plato de comida
- El emperador Yongle con su túnica amarilla y dorada

EL TALLER DE SEDA
Páginas 14-15

- Una persona metida en un lío
- Tom
- Una persona admirando un pañuelo
- El gato Ulises
- Una pieza de seda decorada con un dragón
- Una mujer cargando en la cabeza una gran cesta con sedas
- Unos gatitos durmiendo en un canasto

LA CONSULTA DEL MÉDICO
Páginas 16-17

- Una persona tomando una medicina que sabe a rayos
- El gato Ulises
- Una mujer con dolor de oídos
- Tom
- Un hombre recibiendo acupuntura
- Una señora con mellizos
- Una niña subida a una silla

35

LAS CASAS
Páginas 18-19

- Una mujer cocinando
- El gato Ulises
- Tom
- Dos personas jugando a un juego de mesa
- Una anciana contando una historia
- Un perro dormido
- Un niño que ha roto un jarrón

LA IMPRENTA
Páginas 18-19

- Tom
- Una persona que ha derramado tinta
- El gato Ulises
- Tres amigos de charla
- Un rastro de zarpas
- Dos personas tallando planchas de madera
- Un impresor echando una siesta

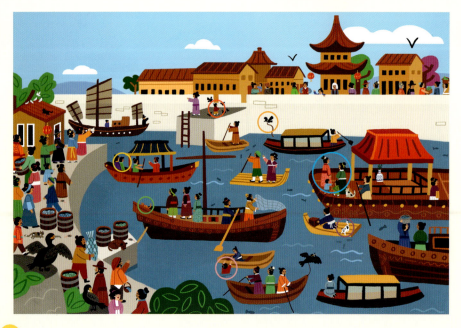

EL GRAN CANAL
Páginas 22-23

- Una familia rica navegando en un lujoso barco
- El gato Ulises
- Un pescador que ha caído al agua
- Tom
- Un niño rodeado de pájaros
- Un gato buscando pescado
- Un cormorán que se ha escapado

LOS CAMPOS
Páginas 24-25

- Una persona cargando dos cestos de cereales
- El gato Ulises
- Una gata con sus crías
- Tom
- Un agricultor tomando té
- Un pavo real
- Un agricultor atascado en el barro

LA FÁBRICA DE PORCELANA
Páginas 26-27

- Tom
- Un jarrón roto
- Una persona cubierta de arcilla
- Un hombre llevando tres jarrones
- El gato Ulises
- Una persona que se ha caído dentro de una vasija
- Un pintor que ha derramado la pintura

LA ÓPERA
Páginas 28-29

- Un actor vergonzoso
- El gato Ulises
- Una actriz con un abanico morado
- Tom
- Un niño que se ha caído del asiento
- Un adorno para el pelo extraviado
- Una persona tocando el laúd

LA FIESTA DE LOS FAROLES
Páginas 30-31

- Tom
- Un acróbata haciendo el pino
- Una persona que ha roto su farolillo
- El gato Ulises
- Un hombre comiendo bolas de arroz dulces
- Una marioneta de rana
- Un gato asustado por un petardo

GLOSARIO

ÁBACO Especie de calculadora muy antigua con bolas de madera ensartadas en unas finas barras

ACERTIJO Pregunta o enigma que hay que resolver

ACUPUNTURA Tratamiento en el que un médico coloca agujas en ciertas partes del cuerpo del paciente para aliviar el dolor y curar las enfermedades

ARQUEÓLOGO Persona que se dedica a estudiar la historia de una cultura desenterrando y examinando objetos históricos

AVENTAR Hacer pasar aire por en medio del cereal para separar la paja o las cascarillas

BALLESTA Arma con forma de arco pequeño y potente fijado a un soporte de madera que se apunta como una pistola y servía para cazar y luchar

BAMBÚ Planta con tallos largos, duros y huecos que a menudo se emplea para fabricar herramientas y muebles

BANQUETE Gran fiesta de celebración de algún acontecimiento en la que participan muchas personas

BOTICARIO Persona que preparaba y vendía medicinas

BUDISMO Enseñanza filosófica que muestra la importancia de alcanzar la paz interior y la sabiduría y que anima a que las personas renuncien a cualquier deseo

BÚFALO Animal de gran tamaño, parecido a una vaca, con cuernos largos y curvos

CALIGRAFÍA Escritura con letra bella

CÁÑAMO Hierba que se puede utilizar para fabricar papel y ropa

CIUDAD PROHIBIDA Conjunto de palacios construido en Beijing durante la dinastía Ming para que viviesen el **EMPERADOR** y su **CORTE IMPERIAL**

CONFUCIANISMO Religión que enseña a las personas a lograr la perfección mostrando respeto y amabilidad hacia los demás

CONJUNTO Grupo de actores, músicos o bailarines que actúan juntos

CONTRABANDO Comercio de mercancías prohibidas por las leyes a los particulares

CORMORÁN Ave acuática de cuello largo y color negro que se usaba para pescar durante la dinastía Ming

CORTE IMPERIAL Conjunto de familiares y personas que acompañan al **EMPERADOR**

DINASTÍA HAN Segunda dinastía de China, fundada por el emperador Gaozu y que duró desde el 206 a. C. hasta el 220 d. C.

EMPERADOR Gobernante de un imperio o dinastía real

EMPERADOR YONGLE Tercer emperador de la dinastía Ming, que reinó desde 1402 hasta 1424 y era hijo del emperador Hongwu

ESCLUSA Compartimento, con puertas de entrada y salida de agua, que se construye en un canal de navegación para que los barcos puedan pasar de un tramo a otro de diferente nivel

GRABAR Tallar algo en un objeto duro, como una plancha de madera

GUARNICIÓN Conjunto de tropas situadas en una fortaleza o ciudad para su defensa

GUSANO DE SEDA Larva de la mariposa de seda china, que teje un capullo de hilo de seda

HIERBA DE SAN CRISTÓBAL Planta con flores blancas usada en medicina tradicional

KILN Horno especial para cocer la cerámica

LAÚD Instrumento parecido a una guitarra con caja en forma de pera, mástil largo y parte posterior abombada

LITERATO Persona culta interesada en la literatura

MARTILLO PILÓN Máquina con un martillo muy pesado que se inclina y luego se deja caer

MIJO Cereal de semillas muy pequeñas

PALILLOS Par de palos finos que se sujetan entre el pulgar y los demás dedos y que se usan para comer

PORCELANA Material frágil, blanco y ligeramente traslúcido que se obtiene cociendo un tipo de cerámica especial en un horno llamado **KILN**

RUTA DE LA SEDA Antigua red de rutas comerciales que conectaban Oriente y Occidente

SALÓN DE LA SUPREMA ARMONÍA Una de las tres salas del patio exterior de la **CIUDAD PROHIBIDA**

TAOÍSMO Enseñanza religiosa y filosófica que educa a las personas para que lleven una vida sencilla y equilibrada en armonía con la naturaleza

TEMPLO DEL CIELO Conjunto de edificios religiosos que los emperadores de la dinastía Ming visitaban en ceremonias anuales para rezar pidiendo una buena cosecha

VOLADIZO Objeto que vuela o sobresale en relación con el resto de la estructura

Índice alfabético

Ábaco 9
Acertijo 31
Acróbata 30, 31
Acupuntura 16, 17
Agricultor 8, 24, 25
Albañil 6, 7
Alimento 12, 19, 22
Amarillo, río 22
Arpa 12, 20
Arqueólogo 4
Arroz 8, 12, 19, 30, 31
Aventar 24
Bailarín 12
Ballesta 7
Bambú 20, 31
Banquete 12
Barco 23
Boticario 16, 17
Budismo 11
Búfalo 25
Caligrafía 20
Campo 8, 24, 25
Canto 28
Cáñamo 20, 25
Caravana 9
Casa 18, 19, 32
Ciudad Prohibida, La 10, 11, 12, 14
Comida callejera 8
Confucianismo 11
Conjunto 28
Contrabando 15
Cormorán 22, 23
Corte imperial 13
Dinastía Han 30
Ejército 7
Emperador 1, 10, 11, 13, 15, 24, 29
Enfermedad 16
Esclusa 23
Escritura 21
Especia 8
Fiesta de los Faroles / Festival Yuanxiao 30, 31
Flauta 12, 28

Grabar 21
Gran Canal, El 22, 23
Gran Muralla, La 1, 6, 7
Guarnición 7
Gusano de seda 14
Hierba de San Cristóbal 17
Hongwu, emperador 24
Imprenta 20
Instrumento 12, 24, 28
Joya 13
Juego de mesa 18, 19
Kiln 26
Kunqu 28
Laúd 12, 28
Libro 21
Literato 29
Martillo pilón 24
Medicina 17
Mercado 8, 9
Mijo 19, 25
Obrero 6, 11
Ópera 28, 29
Orquesta 12
Palillos 19
Papel 20, 21, 31
Percusión 28
Pescar 22
Petardo 30, 31
Plancha de madera 20, 21
Porcelana 1, 8, 12, 26, 27
Ruta de la Seda, La 9
Salón de la Suprema Armonía 12
Seda 1, 8, 9, 10, 13, 14, 15, 20, 31
Soldado 6, 7, 11
Taoísmo 11
Té 8, 12, 25, 33
Templo del Cielo 11
Tinta 20, 21
Torre 7
Voladizo 18
Yangtsé, río 22
Yongle, emperador 10, 13